사랑을 위한 변주

이민호 시집

교음사

책 머리에

기나긴 시간이 휘어져
굽이굽이 강물이 흐른다.
과거와 미래는 강물이다.
시간이 흐르고 있는 다리 위에
온 몸을 내맡기고 서 있는 나는
수많은 그리움을 안고 있는 뜨거운 바람이다.
빠르게 여울지는
저 강물을 거슬러 오르면 옛 사랑이 있다.

태초에 나는 바람이었다.
천상(天上)의 못 다한 사랑 찾아
바람 되어 떠돌던 날들
후회는 없어
다 다른 색깔
다 다른 향기
수많은 사랑
아쉬움도 많지만
이 세상 내려와
아름다운 향기 그득했으니
나 왔던 저곳으로 돌아가면

진정 행복했노라고
누구에게나 말하리라.

나의 삶은 사랑이다.
나의 인생도 사랑이다.
나의 사랑은 시(詩)이다.

사랑은 손을 뻗으면 닿을 가까이에 있었다.
사랑은 눈을 감아도 느껴지는 향기로움이었다.
난 오늘도 꿈을 꾼다.
영혼을 다 마시는 날까지 죽어도 잊히지 않을 사랑,
아픈 추억 남기고 싶은 꿈을.
영혼의 눈부신 빛깔 속으로 잠기는 꿈을.
그리고 아름다운 기억으로 나의 시(詩)는 계속될 것이다.

세상의 사랑하는 모든 이에게 이 시집을 바칩니다.

2017년 6월
사랑시인 **이민호**

| 사랑을 위한 변주 |

- 이민호 시집
- 차례

1. 사랑은 햇살처럼

고백 … 16
운명 … 17
내 여인은 … 18
자작나무의 사랑 … 20
사랑은 시가 되어 … 21
나는 백수白手 시인詩人 … 22
서울 유학 … 24
하숙집 아줌마 … 26
강 안개 그리고 나 … 28
사랑하는 여인아·1 … 31
사랑하는 여인아·2 … 32
그리움·4 … 34
그리움·5 … 35
그리움·6 … 36
흔들리는 사랑 … 38
세상에서 가장 짧은 소설 … 40

2. 사랑은 강물이 되어

사랑 … 42
그리움은 빗물이 되어 … 43
강 깊은 밤 … 44
그 女子 … 45
그녀 … 46
그대 기억 하나요 … 48
그리움 … 50
그대를 사랑합니다 … 51
꽃비가 내리는 날에 … 52
날 잊지 말아요 … 54
노을 … 56
노을빛 그대 … 57
동백꽃 … 58
모든 것들을 … 59
사랑이라는 것 … 60
사랑이라는 것에 관하여 … 62

3. 사랑은 아름다운 아픔

첫사랑 … 64
남자의 사랑은 … 65
그대 잘 가라 … 66
바람 불던 날 … 68
바람꽃 … 71
봄비 … 72
벚꽃 … 73
보고 싶습니다 … 74
비와 그리움 … 75
어느 가을날 오후 … 76
어느 고백 … 78
사람이 그리운 날 … 80
사랑 · 8 … 81
사랑이 가네 … 82
첫사랑을 보러가네 … 84

4. 사랑을 위한 변주

우리 사랑은 … 86
꽃밭에서 … 87
그대 꽃처럼 … 88
그대는 … 89
그 남자 … 90
내 사랑이여 … 91
꽃잎 사랑 … 92
너에게 가는 길 … 94
너와 나는 … 96
눈물이 나요 … 97
그대를 처음 본 순간 … 98
멈출 수 없어요 … 99
미미 이야기 … 100
미운 사랑 … 102
바람 길 … 104
보고 싶다 … 105
또 다른 나 … 106

5. 사랑은 그리움 되어

내 마음속에도 비는 내리고 … 108
달빛 머무는 강 … 109
바람 속으로 … 110
다시 사랑을 한다면 … 112
비와 그리움·2 … 114
새벽별 … 115
소나기 … 116
살아가는 동안 … 118
사랑이란 … 119
연가 … 120
사랑할까요. 우리 … 122
한낮의 사랑 … 123
열정 … 125

사랑, 그 아름다운 아픔에 관하여 … 127

1

사랑은 햇살처럼

시간이 흐를수록 아름답게 변하는 것이 사랑이고
시간이 흘러도 아름답게 변하지 않는 사랑은
진정한 사랑이 아니다

고백

당신의 밝은 쪽 보다
어두운 쪽을 비추는 빛이 되겠습니다

당신을 사랑합니다

운명

당신을 처음 본 순간
낯익은 느낌
떨리는 가슴
영혼을 울리는 소리
지금도 그날의 벅찬 가슴을
억누를 수가 없습니다

우리는
만나기 훨씬 전부터
서로를 사랑하고 있었나 봅니다

당신을
처음 본 순간부터
당신을 사랑하게 되었습니다

이것이 우리의
운명이라 생각합니다

내 여인은

내 여인은
내가 좋아하는 것은
다 좋아 하고
내가 싫어하는 것은
다 싫다고 하고
내가 하고 싶은 일은
다 하라고 하고
내가 먹고 싶은 것은
다 해 주고
내가 말하지 않아도
다 알고 있고
내가 어디에서
무엇을 하는지
누구하고 있는지
알려고 하지도 않고
누가 뭐라고 해도
나를 믿어주고
늘 입버릇처럼
오직 내 사랑은
당신뿐이라고 말한다

여자의 흔한 눈물을 보이지 않는
내 여인은
지고지순한
현모양처인
내 어머니와 꼭 닮았다

자작나무의 사랑

날개를 부러뜨리면
다시 날지 못할 것 같아
드높은 하늘을 당신에게 내어줍니다

사랑을 아시나요
사랑은 변함없이 주는 것입니다

그 열정
혼자 안고 있으면
이 작은 가슴이 터질까봐
드넓은 광야로 보내 드립니다

그리고 한 가지 조건이 있습니다
당신 마지막 사랑은 아껴 두세요
나를 위해

사랑은 시가 되어

이른 아침에 일어나
시를 쓴다
남쪽으로 난 창으로 들어오는
밝은 햇살처럼
시는,
따뜻한 사랑이 되어
영혼을 어루만지고
감미로운 목소리로 속삭인다

시를 쓴다
사랑 가득한
시는,
미소가 되고
노래가 되고
희망이 된다

시를 쓴다
한편의
시는,
아름다운 사랑이 되고
행복이 된다

나는 백수白手 시인詩人

초록 바탕에
하얀 글씨로 제법 근사하게
'시인'이라고
명함을 박아 다니는 나는
변변한 하는 일 없이
허구한 날
사랑타령에
되지도 않는 글 끼적거리고
어쩌다 가뭄에 콩 나듯
원고 청탁 몇 줄 들어오는
백수(白手)

어제도 오늘도
날이면 날마다
밤거리를 쏘다니며
밤새 지치도록 놀다가
중천에 뜬 햇살이
온 방을 가득 메울 때
눈 부비고 일어나
차려온 밥상에

반찬 없다 맛없다
투정 부리다
컴퓨터 앞에 앉아
커피 한 잔 다오
담배 끊으니
입 심심하다
온갖 심부름 시키다
해 떨어지기가 무섭게
밤거리로 출근해서
날 새도록
주도(酒道)를 닦는
무늬만 글쟁이

서울 유학

갓 스무 살
설익은 청춘
동장군 기세 매섭던 2월
청운의 꿈을 안고 어머니 품을 떠난다

첫차를 타면
날 저물어야 들어서는 천릿길
버스는 뽀얀 먼지로
눈물 훔치는 어머니를 감추니
동색(童色)의 가슴은 시리기만 하다

봉천동 산비탈 하숙집
물설고 낯선 하늘아래
밤새 창을 흔드는 바람소리에
고향에 두고 온 정(情) 그리워
잠 못 들다 밝아오는 효명(曉明)에
창을 열고 남쪽하늘 바라보며
눈물 글썽이던 서울 첫 날 밤

하루 종일 차디찬 갯바람에
시장 좌판에서 언 발 동동거리며
한 푼 두 푼 모아 보내주신 학비
눈물겨운 어머니 생각에
하숙집에서 학교로 도서관으로
오직 공부에만 매달렸던
서울 유학시절

오늘같이 찬바람 불고
달 빛 훤하게 비추면
마당에 나아가
어머니 보고 싶은 마음
달님 품에 안긴다

하숙집 아줌마

봉천동 산비탈 하숙시절
마음씨 좋고
정(情) 많은 하숙집 아줌마
고향 모정(母情) 그리워
풀 죽은 날엔
내가 좋아하는 반찬
잔뜩 만들어 놓고
어거 먹어라
저거 먹어라
많이 먹고 기운 내라
먹고 싶은 것 다 말해라
잘도 먹는다
인물도 좋지
너 같은 아들 하나 있었으면 원이 없겠다

옆에 있던 아저씨 덩달아
인사성 밝지
점잖고 예의 바르지
얼마나 털털한지
누가 시집올지 모르지만 고생은 시키지 않겠다

우리 둘째
딸 중에 제일 마음씨 곱고 착하다
여태 부모 속 한번 안 썩였다
아들 딸 잘 낳고
살림 잘하고 잘살 거다

졸업하고 서울 떠나올 때
행주치마 눈시울 적시며 손 흔들던
인정 많은 하숙집 아줌마
오늘같이 고향 생각 날 때면
아줌마가 그리워진다
보고파진다

강 안개 그리고 나

서재 책장에 어지럽게 꽂힌 책들을 정리하다
구석진 자리 하얀 꽃무늬 포장지에 싸여
먼지 뿌옇게 내려앉은
입속의 검은 잎
형도의 유작 시집을 보고
오늘이 형도가 쓸쓸하게
저 세상으로 간 날임을 알았습니다

깊은 밤,
안개 자욱한 남강(南江)을 따라 걸으며
표정 없는 얼굴
우수에 잠긴 눈
나지막이 말을 건네던 그를 떠올립니다
모순된 존재구조
비현실적인 삶 속에서
처절하면서도
따뜻한 마음을 가졌던 그는
죽어서도 나를 가르칩니다

삶은 어디에 있는가,

나는 치열하지 않는
매일같이 밤이면 휘황한 거리로 나가 지치도록 놀다가
시간이 나면 겨우 글 몇 자 끼적거리는
날라리 글쟁이 입니다
정직하자
열심이 살자
소주 한 잔에 배고픔과
양심을 달래던
오늘은 그가 떠난 날
봄날은 다시 오고 있는데
나는 살아서
어쩌다 그를 기억할 뿐

사는 것,
안개 속에 가려진
이 황량하고 메마른 도시에서
난 아직도
환상을 떨쳐내지 못하고 있습니다

삼월의 이렛날의

기형도
강
안개
그리고
나

사랑하는 여인아 · 1

사랑하는 여인아
서쪽하늘 석양빛에 붉게 물든 노을을 보았는가

내 너를 사랑하고도
너에게 다가가지 못하고
떠도는 구름처럼
바람처럼
너의 마음을 열지 못하고
너의 안에 앉지 못 하니
뜨거운 나의 가슴은 붉은 노을이 되었다

오! 오!
사랑하는 여인아

물기 머금은 그대 깊은 눈
분홍빛 그대 미소
다정한 그대 목소리 만나
붉게 노을 진 강을 따라
나란히 걷고 싶다

사랑하는 여인아 · 2

사랑하는 여인아
해질녘 석양에 붉게 물든 강을 보았는가

피 빛 가득한 저 강물은
너를 사랑하고
너를 가슴에 품은
내 심장의 고통 속에서 흘린 선홍빛 눈물이다

숨 막히게 흐드러지던
그 몸짓에
퍼드러지게
온몸을 던지던 그날들을 기억 하는가

여인이여
웃음을 멈추어라

꽃들이여
미소를 거두어라

새들이여

노래를 멈추어라

흐르는 강물이여
시간을 멈추어라

너의 달콤한 속삼임이
오롯이 나에게 스며 들 때 까지

내가 바람이고
네가 바람이 될 때 까지

그리움 · 4

보고픈 너의 모습이
수평선 위에 붉게 노을 지고
너의 목소리는
해일되어 쉴 새 없이
바위에 부딪쳐 오는데

내 기억속의
너의 채취가
바다 내음에 실려 있어
저 멀리 너의 모습은 수평선 위로
나타났다 사라졌다
또 나타나고

하얀 백사장에
끊임없이 밀려오는 파도는
수없는 흔적을 내고 지우며
내 가슴을 자꾸만 후벼 파고
빈 가슴을 파도에 씻어보지만
퍼렇게 멍든 가슴은
점점 뚜렷해지기만 하는 것을

그리움 · 5

너는 말없이 왔다가고
돌아서서 기약 없이 또 가고
저만치
꽃 속에 바람처럼 숨고
빈잔 속에 담은 고통의 눈물

그리움의 향기

별빛 내리는 밤에
흐르는 강물

영혼조차 씻어 내리는
순결의 빗방울

긴 기다림의 그리움으로
다가와서 포옹하는가

소리 없이 검은 강을 건너와
또 말없이
차가운 불빛에 돌아서는가

그리움 · 6

어둠이 내려오는 거리를 걷다가 찾아간
강변 창 넓은 이층 카페

'사랑이 빛처럼 밝은 곳'

그대와 나란히 앉아
사랑을 속삭이던 창밖엔
소리 없이 비가 내린다

그리움 가득 안고 내리는 비는
넓은 창을 훑으며
나를 흠뻑 적시고
길 건너 빨간 신호등 앞
핑크빛 우산 속 여인
나를 향해 다가오는 것 같아
시선 떼지 못하고 있다가
쏟아지는 빗속을 나서보지만
차가운 빗방울에 허허로움만 더해갈 뿐

한참을 빗속을 헤매다

다시 그 자리
젊은 연인들의 웃음소리에
무거운 발길 돌리는 거리엔
빠르게 지나치는 차들의 불빛 속에
온 몸이 탈색된 채로
내리는 비는
내 어깨위에도
가슴속에도 흘러내린다

흔들리는 사랑

바람이 분다

바람 한 점 없는
고요한 그 창(窓) 안에 네가 있다

빌딩 숲을 돌아 나오는 한줄기 바람이
윈도우 큰 창을 사정없이 훑는다

넓은 창 안에 있는 너는 흔들린다
바람처럼,

바람은 이별보다 가깝다
아, 사랑이여
무풍(無風)의 그 곳
사랑은 흔들리고 있다

바람이 분다

꽃잎 하나라도 다
쓸어버릴 듯

삼켜버릴 듯

눈부신 조명 아래 있는 너는 표정이 없다
회색빛 도시 안에 있는 너는
오늘도 바람에 흔들린다

사랑이여!
이별은 바깥보다 가깝다

세상에서 가장 짧은 소설

 황량한 벌판에 철옹성이 있었다.
 그 성 주위에는 언제나 매서운 찬바람만 불고 있었다. 그 성에는 얼음여자가 살고 있었다. 얼음여자는 양귀비 보다 더 곱고 비너스보다 더 아름다운 몸매를 가지고 있었다. 꽃 피는 봄이 오고 신록 우거진 여름이 와도 얼음여자가 사는 성에는 온통 눈과 얼음으로 뒤덮여 있었다.
 숱한 사내들이 얼음여자를 만나기 위해 철옹성으로 갔지만 굳게 닫힌 성문은 열리지 않았다. 그러던 어느 날, 한 사내가 홀연히 나타나 성 주위에 나무와 꽃씨를 심기 시작했다. 추운 겨울이 가고 봄이 돌아오자 나무에는 초록 잎들이 무성하고 온갖 꽃들이 피어났다. 나무가 우거지자 많은 새들이 날아와 노래하고 벌나비는 꽃을 찾아 들었다.
 얼음성은 점점 녹아 성문은 쉽게 열렸다. 그 사내는 성 안으로 들어가 뜨거운 가슴으로 얼음여자를 녹이고 있었다.

2

사랑은 강물이 되어

사랑은 맛있다
이 세상 어느 것보다 달콤하다
그러나 마지막은 쓰다

사랑

사랑은
언제나 첫사랑처럼 다가온다
철없던 시절에
애태우던
사랑도 그러했듯이
사랑은
첫사랑처럼 다가온다

그리움은 빗물이 되어

하염없이 내리는
빗속을 걸어갑니다
그대를 생각합니다
그대를 그리워합니다
한참을 걷다가
그대를 잊으리라 생각합니다
비를 맞으며
그대를 그리워합니다
한참을 걷다가
그대를 잊으리라 생각합니다
얼마나 세월이 더 흘러야
그대를 잊을 수 있을까
생각합니다
이제는 그대를 잊으리라
생각합니다
차갑게 내리는 빗물이
뜨거운 눈물이 되어 흘러내립니다

강 깊은 밤

깊은 그리움으로 하루를 보내고
또 다시 밤이 찾아오면
별빛 쏟아지는 강을 따라 걸어갑니다
보고 싶어도 볼 수가 없고
가고 싶어도 갈 수가 없는
그대와 나의 강은 깊고 멀어
그리움은 안개비 되어
어깨를 적시고 말없이 흘러내립니다

불어오는 찬바람에 옷깃을 여미어 보지만
텅 빈 가슴에 이는 바람은
대나무 이파리처럼 사각거리는 소리만 연신 냅니다
그대를 사랑하고도
그대 곁에 머물지 못하는 이내 마음은
강물 위 부서진 별처럼 흘러가지 못하고
맴돌고 있습니다

그대에게 전하지 못한 말 하나
그대 곁에 머물고 싶다고
그대 사랑한다고

그 女子

거리에서 한 여자가 곁을 지나친다

지난날 내게서 말없이 떠나 버린 그 여자
그 女子를 꼭 닮은 여자

갈색 머리
검은 안경 테 너머 반짝이는 눈
갸름한 턱
도톰한 아랫입술

비 오는 밤
카페에서 우연히 만난 女子

희미한 조명 아래
우수에 잠긴 눈동자
깊은 보조개
내 모든 것을 다 바쳐
아낌없이 주어버렸던
첫사랑을 닮은 女子

비 오는 날
영원을 버리고 가 버린 그 女子

그녀

사진 속 백합처럼 미소 짓던 그녀
언젠가 한 번 쯤 만나고 싶었던 얼굴

많은 사람들 속에 있다가
분홍빛 미소 흔들며 다가와
하얀 손 내밀며

저 아시겠어요. 서영이예요.

반가운 마음에
온 가슴으로 끌어안으며

반가워요. 뵙고 싶었어요.

술잔에 담긴 모습조차 아름다운
그녀의 미소에 반해
향기에 취해

만인의 연인보다는
나만의 연인이 되어 달라는

농담 섞인 내 말에
말없는 그녀의 미소는
흐린 종로 밤하늘을 환하게
비추고 있었답니다

그대 기억 하나요

그대 기억 하나요
우리가 함께 나누었던 사랑의 기억들을
봄이면 진달래 꽃길 따라 걸었던 그 오솔길을
여름날엔 백일홍 붉게 핀 강변을 따라 비를 맞고 걸었던 그 길을
노을이 내려오는 강 언덕 카페에 앉아 사랑을 명세했던 그날을
첫눈 내리던 밤 날이 새도록 하얀 거리를 함께 걸었던 기억을

그대 어디 있나요
날 아직도 기억 하나요
이제 다시 내 곁으로 돌아 올수 없는 건가요
바람 불어 황량한 거리에 나만 홀로 두고 간 그대
잊지 말아요
우리의 사랑을

난 잊을 수가 없어요
우리가 함께 나누었던
수많은 시간을

셀 수 없는 많은 기억들을
흘러간 추억들을

그대 잊지 말아요
흐려져 가는 기억들을
가슴속 묻어 둔 사랑을
행복했던 지난날들을

그리움

사람이 그리울 땐
그대를 생각합니다

수많은 기억 속에
몸에 깊게 난
지울 수 없는 상처처럼
그대를 생각합니다

사람이 그리울 땐
수많은 인연들 중에
흘러간 강물 같은 시간 속에
오직 그대만을 생각합니다

그대를 사랑합니다

그대를 사랑합니다
하지만,
이제 나는 그대를 사랑한다고 말할 수가 없습니다
그대는
지금의 내가 사랑하는 사람이 아니기에
사랑한다는 말은 할 수가 없습니다
이제 그대 그림자가 되어 그대를 바라볼 뿐입니다

지금,
그대 곁에 있는 사람에게
행복한 웃음 짓는 모습 바라보며
그대 행복하기만을 바랄뿐입니다

사랑이란
언제나 기쁨보다 슬픔을
더 많이 주고 가는 것임을 알고 있지만
내겐 너무나 아픈 사랑이었기에
쉽게 잊혀 지지 않은 채
오직 그대의 행복만을 바라며
멀리서 바라볼 뿐입니다

꽃비가 내리는 날에

오늘은 그대를 꼭 만나고 싶었습니다

오늘 하루 예전의 모습으로 돌아가서
그대와 마주보며 바다가 보이는 찻집에 앉아
즐겁게 이야기 하고
다정이 팔짱을 끼고
바닷가를 걸으며
파도가 전해주는 이야기
들어도 보고
우리가 즐겨 갔던
그 식당에서
맛있는 식사를 하고
극장에 나란히
재미있는 영화도 보고
사람들 소란스러운
술집에서 소주도 마시고
연인들 넘쳐나는 밤거리 걷다가 지치면
벚꽃나무 아래 벤치에 앉아
내리는 꽃비에 흠뻑 젖어 하루를 보내고 싶었습니다

우리의 행복했던 지난날들은
강물처럼 속절없이 흘러가 버렸지만
아름답던 순간들은
가슴속 깊이 남아있습니다

봄 향기가 가득 풍겨오는 거리를 걸으며
활짝 피어난 꽃잎 바라보다
그대에게 못 다한 말
오늘은 꼭 하고 싶었습니다

날 잊지 말아요

그대 아직도 그곳에 있나요
아직 날 잊지 않고 있나요
아무리 많은 시간이 흐른다 해도
우리가 함께했던 날들을 잊지마세요

그대 날 기억하나요
내가 그대를 기억하는 것처럼
하루가 힘들고 슬플 때
마음이 울적할 때도
우리가 나눴던 아름다운 사랑을 기억하세요

그대 날 잊지 말아요
밤이면 밤마다
내 창가에 다가와 사랑을 속삭여준 그대
난 그대를 잊을 수가 없어요
그대의 따뜻한 미소
그대의 따뜻한 손길
내가 필요 할 때마다 말없이 다가와준
그대를 잊을 수가 없어요

그대 나를 사랑했나요
지금 비록 그대는 손이 닿을 만큼
가까이에 없지만
내 마음속에는 언제나 그대와 함께 하기에
난 결코 외롭지 않아요
모든 일이 힘들고 어려울 때
그때는 기억 하세요
그대를 사랑하는 이가 있다는 것을

노을

붉게 노을 진 강가에 서서
선홍빛 가득한 하늘을 바라본다

붉은 장미를 닮은 입술
백합처럼 수줍게 웃음 짓던
너의 모습이 떠오른다

너는 손 내밀면 닿을 만큼
가까이 있는 것만 같은데
두 팔을 벌리면
달려와 안길 것만 같은데

그리움은 진한 향기 가득
피어오르는 헤이즐넛처럼
지난날의 아쉬움을 몰고 와
깊은 슬픔에 잠기게 한다

노을빛 그대

노을 진 강을 따라 걷다가
그대와 다정히 차를 마시던
언덕 위 빨간 문 달린
이층 카페 창가에 앉아
붉게 노을 진 하늘 위에
그대 모습 그려봅니다

그대와 함께 한 지난날들이
마치 어제와 같아서
그대 내 앞에 앉아 밝게 미소 짓는 것만 같아서
이내 마음은 선홍빛 가득한
강물 위로 흘러만 갑니다

그대의 품은 너무나 따뜻했어요
뜨겁게 사랑 할 때는 가슴이 터질 것 같았어요
손잡고 나란히 길을 걸을 때는 너무나 행복했어요

창밖에 지는 낙엽은
쓸쓸한 내 마음과 같아서
그대 그리움에 젖어 들게 합니다

동백꽃

세상 모두 사랑을 꽃피우는 이 봄날
한 겨울 붉게 타올랐던
우리 사랑은
속절없이 지고 있네

모든 것들을

나는 기억한다
내 손이
내 몸이
내 마음이
그러했던 것들을
우리가
함께 했던 것들을
함께 하려고 했던
모든 것들을

사랑이라는 것

강이 내려다보이는 스카이라운지에서 너를 기다린다.
길 위로 끊임없이 꼬리를 물고 달려가는 차들의 행렬에 시선을 고정 시킨 채 깊은 상념에 젖어든다.
한 여자,
진한 향수 냄새 가득 흔들며 다가와
자신을 사랑해 주면 가지고 싶은 것은 다 주겠다고 한다.
욕망이 춤을 춘다.
여자의 충혈 된 눈을 피해 창밖으로 시선을 돌린다.
싸늘히 표정이 식은 여자가 소리 없이 사라진다.

비가 온다.
다리 위로 사람들이 빠르게 뛰어간다.
한 여자,
관능적인 몸매 뽐내며 다가와
자신만을 사랑해 주면 영원을 약속해 주겠노라 한다.
몸이 파르르 떨린다.
본능과 욕망이 춤을 추며 꿈틀거린다.
잠시 후,
넓은 유리창에 비친 하얀 여자 얼굴이 흘러내리는 비에 씻겨간다.

회색빛이 가득한 도시에 불이 하나 둘씩 켜진다.
거리로 나선다.
비에 젖어 떨어진 꽃잎들은
길 따라 흘러가지 못하고 그 자리에 고여 있다.
버스 정류장 벤치에 앉아 버스를 기다린다.
순간,
길 건너 지나가는 버스 유리창에 너의 얼굴이 맺혔다 사라진다.

사랑이라는 것에 관하여

사랑에도 몹쓸 병이 있다
그것은 의심이라는 병이다

사랑한다면 버릴 것이 있다
그것은 지나친 집착이다

3

사랑은 아름다운 아픔

사랑은
바람과 같이 볼 수는 없지만
때로는 부드럽게 뜨겁게 느낄 수는 있다

첫사랑

하얀 얼굴
초롱초롱한 눈망울
러브포이즌보다 더 은은한 살내음
그대에게
묻노니

나는
마냥 죽도록
꿈길로만 살아야만 하는가

남자의 사랑은

누가 남자의 사랑을 바람이라 했나
흔들리지 마라 여자야
남자의 사랑은
뜨거운 가슴으로 하지
남자의 마음은
거센 비바람에도 흔들리지 않는
태산 같은 사랑이란다

누가 남자의 사랑을 떠나가는 배라고 했나
돌아보지 마라 여자야
한 번 준 남자의 사랑은
이 세상 다 준다 해도
영원히 변치 않을 사랑이지

누가 남자의 사랑을 부나비사랑이라고 했나
잊지 마라 여자야
사랑을 위하여 목숨을 거는
남자의 사랑은
영원히 꺼지지 않는
파란 영혼의 불꽃이니

그대 잘 가라

그대 잘 가라

나 그대 보내고
빈 술잔에 눈물로 채우고
어둡고 딱딱한 날들을
수없이 보내야 하겠지만
나 그대 행복할 수 있다면
미련 없이 보내 주리라

그대여!
지난 추억이
뜨겁게 눈시울을 적셔도
슬퍼하지 말아라
그대 떠나보내고
외로움에 지쳐
이 가슴 산산이 무너져 내린다 해도
결코 눈물 보이지 않으리라

그대여!
슬픈 표정 보이지 말아라
세월이 흐르면 빛바래 가는 사진처럼
우리의 기억 속에서
아픈 상처는 조금씩 잊혀 져 갈 것이다
나 그대 위해 기도할 것이다
그대 부디 행복하기만을

바람 불던 날

바람 부는 길을 따라 걷다가
옆을 스치고 지나쳐가는
여인의 향기에 취해
한참을 뒤쫓아 가다가
작은 찻집 앞 길모퉁이에서
가는 길을 막고 서서
여인의 얼굴을 유심이 들여다본다.

시간 있으세요?

놀란 눈을 하며 뒤로 주춤거리는
여인의 손을 덥석 잡으며

차 한 잔 하시죠.

나지막이 비명을 지르며
그 자리에 주저앉는
여인의 손을 이끌고 들어간 이층 찻집
거리가 내려 다 보이는 창가에
마주 앉은 여인의 귀 볼이 붉다
깊은 갈색 눈

도톰하고 선명한 아랫입술
약간 그을린 것 같은 피부
긴 생머리

한참 만에

절 아세요?
뭐 하시는 분이세요?
어디에 사세요?

물음을 던지고는
축축한 눈망울을 굴린다

아니요. 그냥 차 한 잔 하고 싶어서요.
손을 덥석 잡 길래 얼마나 놀랬다고요.
다른 사람에게도 이러시나요?
가끔은요. 마음에 드는 상대만……,

멋쩍게 웃자
하얀 치아를 보이며

저는 그림 합격점을 받은 거네요.

깔깔거리며 웃는다

우리 연애나 한번 합시다.
보니까 바람둥이 같은데요.
전 바람둥이는 싫어요.
그래 보이나요?
그래보여도 순정은 있답니다.

서로 마주보며 한참을 웃다가
말없이 창밖만 바라보다
은은한 프리지아향을 남기고 떠나간 여인의 자리에
분홍빛 메모지 한 장

다음에 또 만나요.

바람꽃

바람이 불지 않는 곳에선
꽃을 피우지 않는다

산허리에 희뿌연 구름이 감싸면
뜨거운 바람이 분다
몸이 으스러지도록
세찬 바람이 불어와도
바람을 사랑해야 한다

가슴을 사정없이 파고드는
거친 숨결이 머물고 간
짧은 만남의 이별에도
그 사랑을 못 잊어
수많은 날을 지새우며
푸른 꽃 피워 올려야하는
너는,
바람이 머무는 그곳에서
지난 사랑을 잊으리라

봄비

이틀째 황사 바람 불더니 비가 내린다. 그리워 그리워 내리는 봄비는 검은 아스팔트 위에 점점이 선명한 자국을 남긴다. 집으로 내려오는 계단에 놓아둔 화분에 노랗게 핀 수선화는 굵은 빗방울에 고개를 숙이고 있다. 회색빛 담장 아래 혹독한 겨울을 이겨낸 목련은 하얀 꽃망울을 활짝 터트리며 꽃잎을 흠뻑 적시는 비에도 아랑곳 하지 않고 한껏 하늘을 향해 있다. 겨우내 잠자고 있던 그리움들이 스물 거린다. 길을 나선다. 굵은 빗방울이 우산 속을 타고 내리와 어깨 위에 희뿌연 흔적을 남긴다. 강을 따라 한참을 걷다가 들어간 언덕 위 찻집, 젊은 여인들의 웃고 떠드는 이야기 소리가 스피커에서 울려나오는 음악소리와 함께 뒤섞여 실내를 가득 메운다. 넓은 창을 타고 사선으로 내리는 빗방울을 바라보며 깊은 상념에 젖어든다. 잿빛 강을 따라 내려오는 어둠이 하나둘씩 수은등 불빛을 밝힌다. 안타까운 그리움이 고개 숙인 수은등에 맺혀있다 지나가는 바람에 뚝뚝 떨어진다.

벚꽃

황홀한
구름송이
꿈만 같은 사랑이여

그리운
가슴안고
달빛 속에 깃든 희망

영혼을
불사르며
실바람에 흩날리네

보고 싶습니다

그대와 나란히 손잡고 걸었던
거리엔 어느새 낙엽이 하나둘씩 지고 있습니다

오늘처럼
길가에 떨어진 낙엽들이
바람에 흩날리는 날에는
그대가 무척 그리워집니다

다정히 걸어가는 연인들의 속삭임을
보고 있으면
그대가 보고 싶습니다

눈이 시리도록
푸른 하늘 위에 떠 있는
낮달을 보고 있으면
나도 모르게 눈가에 이슬 맺힙니다

오늘처럼
바람 불어 낙엽 우수수 지는 날이면
그대가 그립습니다

비와 그리움

내리는 빗방울에도 추억은 있다

내리는 빗방울에도 그리움은 있다

내리는 빗방울에도 눈물은 있다

내리는 빗방울에도 슬픔은 있다

내리는 빗방울에도 외로움은 있다

내리는 빗방울에도 사랑은 있다

어느 가을날 오후

눈이 부시도록 햇살이 쏟아지던 오후
바람둥이라고 소문난 남자와 한적한 강변 찻집에서 차를 마신다
그 오십대는 첫사랑 사진의 모습과 너무 똑 같아
잘 생긴 용모와
깔끔한 차림에
소문과는 달리 언뜻 언뜻 수줍음 드러내고
미소 가득한 얼굴
부드러운 말투에 속으면 안 된다고
끌려가지 않으려고
뒷발 안간힘으로 뻗대는 고양이처럼 애를 쓰며
창밖에 나부끼는 붉나무 잎사귀에 마냥 눈길 주고 있지만
유리창에 비치는
그의 얼굴은 더욱 더 가까이 느껴져
마주친 눈길에 그는 웃고
내 마음도 자꾸 진척이 되면서
뜨거운 숨 몰아쉬며
실오라기 하나 없는 알몸뚱이로 던져진 채로
빠져 들다가

창밖의 햇살은 어느덧 서쪽으로 기울고
그새 사랑과 이별을 다 끝낸 남녀는
얼굴 가득 미소를 띠며
포옹 대신 악수를 건네고 노을 속으로 총총히.

어느 고백

바람처럼 스쳐 지나가는
그대를 바라본 순간
난 그대에게 반해버렸죠

홍조 띤 볼
붉은 입술
깊은 갈색 눈
소녀 같이 해 맑은 미소
바람에 나부끼는 머리카락 사이로
드러난 작고 앙증맞은 귀볼

걸어가는 뒷모습이 너무나 아름다워
그댈 놓칠 수 없었죠
벅찬 가슴을 억누를 수 없어
떨리는 손으로 그대 발걸음 세우고
우두커니 할 말을 잃고 말았어요

강변 작은 카페에 마주앉아
깊고 큰 눈 속에 빠져 창밖에 어둠이
내려오는 것조차 모르고 있었어요

그대 보내고
몇 날 밤을 하얗게 지새우다가
그대에게 고백을 하였죠

오~오 사랑하는 그대
그대를 생각하면 어느새 가슴이 터질듯 부풀어 올라
내 마음은 걷잡을 수가 없어요

사람이 그리운 날

많은 사람들 웅성대는 곳에
있을 때에도
술을 마실 때에도
밥을 먹을 때에도
문득 문득 사람이 그리울 때가 있다

미치도록
사람이 그리울 때가 있다

사랑 · 8

나는 태초에 바람이었다
천상(天上)의 못 다한 사랑 찾아
온 세상을 떠도는 바람이었다
불타는 가슴으로
대지에 뜨거운 바람을 일으키는 바람이었다

나는 태초에 구름이었다
온통 그리움에 젖어 온 우주를 떠도는 구름이었다
그리움 가득한 비를 온 세상에 뿌리는 구름이었다

나는 태초에 바다이었다
때로는 말없이
때로는 거칠게
뜨거운 가슴으로 온통 섬을 끌어안은 바다이었다

나는 태초에 별이었다
뜨거운 영혼을 불살라
새벽하늘 환하게 비추는 사랑별이었다
에로스에서 태어난 사랑의 화신이었다

사랑이 가네

한 여자가 가네
영원을 약속한 사랑을 남겨 두고서
아름답던 시간들을 뒤로 한 채
멀어져 가네
짧기만 했던 사랑은
아픈 기억 속에서 저 홀로 울고 있네

사랑이 가네
차갑게 식어 버린 미소만을 남겨 둔 채
목숨처럼 사랑하던
그 맹세를 버리고
행복했다는 그 한마디만을 남겨 두고서

멀어져 가네
그토록 아름답던 사랑은
노을 지는 수평선 위에 작은 점처럼
눈물에 아롱진 차디찬 미소만을 남겨 놓고서
어둠속에 사라져 가네

사랑이 떠나가네

영원한 사랑으로 남아 있을 거라는
말을 남긴 채

첫사랑을 보러가네

첫눈이 내리는 날에는 첫사랑을 보러 가네

첫사랑은
향기로운 웃음을 흔들며
저 회색빛 담장너머
앙상한 목련 나무 아래 서 있네

눈꽃처럼 아름다운 흰목
꽃잎처럼 부드러운 미소
잡힐 듯 잡힐 듯 내 사랑은
나풀나풀 하얀 손을 흔들며
흩날리는 눈 속으로 멀어져 가네

첫사랑은
어느새 젖은 내 눈 속에서
눈물 되어 하염없이 흘러내리네

첫눈이 내리는 날에는
첫사랑을 보러가네

4

사랑을 위한 변주

사랑이
눈에 보여서
사랑하는 것이 아니다
보이지 않지만
함께하는 것이 사랑이다

우리 사랑은

우리 사랑은 축복받았다

눈이 축복받았고
귀가 축복받았고
손이 축복받았고
입술이 축복받았고
몸이 축복받았고
영혼이 축복받았고
사랑할 수 있는 시간을 축복받았다

꽃밭에서

꽃꽃꽃꽃꽃꽃꽃꽃꽃꽃꽃꽃꽃꽃꽃꽃꽃꽃꽃꽃꽃꽃꽃
꽃꽃꽃꽃꽃꽃꽃꽃꽃꽃꽃꽃꽃꽃꽃꽃꽃꽃꽃꽃꽃꽃꽃
꽃꽃꽃꽃꽃꽃꽃꽃꽃꽃꽃꽃꽃꽃꽃꽃꽃꽃꽃꽃꽃꽃꽃
꽃꽃꽃꽃꽃꽃꽃꽃꽃꽃꽃꽃꽃꽃꽃꽃꽃꽃꽃꽃꽃꽃꽃
꽃꽃꽃꽃꽃꽃꽃꽃꽃꽃꽃꽃꽃꽃꽃꽃꽃꽃꽃꽃꽃꽃꽃
꽃꽃꽃꽃꽃꽃꽃꽃꽃꽃꽃꽃꽃꽃꽃꽃꽃꽃꽃꽃꽃꽃꽃
꽃꽃꽃꽃꽃꽃꽃꽃꽃꽃너와나는꽃꽃꽃꽃꽃꽃꽃꽃꽃꽃꽃
꽃꽃꽃꽃꽃꽃꽃꽃꽃꽃꽃꽃꽃꽃꽃꽃꽃꽃꽃꽃꽃꽃꽃
꽃꽃꽃꽃꽃꽃꽃꽃꽃꽃꽃과나비꽃꽃꽃꽃꽃꽃꽃꽃꽃꽃꽃
꽃꽃꽃꽃꽃꽃꽃꽃꽃꽃꽃꽃꽃꽃꽃꽃꽃꽃꽃꽃꽃꽃꽃
꽃꽃꽃꽃꽃꽃꽃꽃꽃꽃꽃꽃꽃꽃꽃꽃꽃꽃꽃꽃꽃꽃꽃
꽃꽃꽃꽃꽃꽃꽃꽃꽃꽃꽃꽃꽃꽃꽃꽃꽃꽃꽃꽃꽃꽃꽃
꽃꽃꽃꽃꽃꽃꽃꽃꽃꽃꽃꽃꽃꽃꽃꽃꽃꽃꽃꽃꽃꽃꽃
꽃꽃꽃꽃꽃꽃꽃꽃꽃꽃꽃꽃꽃꽃꽃꽃꽃꽃꽃꽃꽃꽃꽃
꽃꽃꽃꽃꽃꽃꽃꽃꽃꽃꽃꽃꽃꽃꽃꽃꽃꽃꽃꽃꽃꽃꽃

그대 꽃처럼

그대 꽃처럼 오십시오
메마르고 황량한 이 가슴에 단비를 뿌려
붉고 향기로운 꽃 한 송이 피어나게 하십시오

그대 꽃처럼 오십시오
그대의 진한 향기를 마시며
차가운 이 가슴 뜨겁게 데워
그대를 사랑하고 싶습니다

그대 꽃처럼 오십시오
그대를 뜨겁게 사랑하고
그대와 함께 아름다운 꽃을 피우고 싶습니다

그대 꽃처럼 오십시오
꽃에게
바람에게
구름에게
내 사랑을 전하고 싶습니다

그대는

그대는 느낌이 참 좋은 사람입니다
봄비 속에 꽃씨가 내리는 듯
그대의 말 속에서 백합 같은 진한 향기가 퍼져 흐릅니다

그대는 따뜻한 사람입니다
그대의 부드러운 눈
입가에 잔잔하게 흐르는 미소는
벌판같이 뛰어올랐던 마음을 스르르 진정시켜줍니다

그대는 참으로 아름답습니다
그대는 붉은 장미위에
사뿐히 내려앉은 모시나비 같이 눈이 부십니다

그대는 너무나 사랑스럽습니다
내가 첫 눈에 그대에게 빠져 든 것처럼
그대의 참 모습을 알아보는 눈을 가진 이는
한순간 사랑에 빠져 들고 말 것입니다

그 남자

큰 키에 바바리코드가 잘 어울리는 그 남자
라벤더 향이 진하게 나는 男子
누구나 한번쯤 뒤돌아보게 하는 男子
말 한마디 건네고 싶은 男子
한번쯤 나란히 길을 걷고 싶은 男子
넓은 가슴에 안기고 싶은 충동이 이는 男子
선글라스 속 눈동자 궁금하게 하는 男子
정열 가득한 두툼한 입술에 키스하고 싶은 男子
여자의 가슴을 설레게 하는 男子
붉은 노을 속에 나타나 사랑 찾아 밤거리를 헤매는 男子
바람둥이라고 소문난 그 男子

석양빛에 붉게 노을 진 거리
훤칠한 키
검은 코트에
하얀 와이셔츠
갈색 선글라스
깊게 패인 볼우물
매력 가득한 미소 흔들며
많은 사람들 속으로 걸어가는 그 남자

내 사랑이여

내 사랑 그대는
저녁노을 가득히
그리움으로 다가와
넓은 창가에 붉게 노을 지고
뜨거운 가슴위에 뜨는 저 달은
밝기만 하여라

깊은 사랑을 주는 사람아
그대와 나의 별은
오늘도 어김없이 떠올라
저 하늘위에 반짝이고 있네

아~아 사랑이여
내 사랑이여

저 하늘의 별처럼
영원히 변치 않을
사랑으로 남아 있을
내 사랑이여

꽃잎 사랑

넌 내꺼야
여자가 깔깔 웃는다
너를 처음 본 순간부터
점찍어 두었지

깊은 눈망울
연분홍 빛 얼굴
봉긋한 젖무덤
아랫니가 보일 듯 말듯
붉은 입술에
잘록한 허리
걸을 때마다 요동치는
예쁜 엉덩이
널 내 여자로 만들 거라는 것을

너와 함께 행복에 젖어들어
창으로 들어오는 아침 햇살에
살며시 눈을 뜨면
지난 밤 꿈길에 아름다웠던 기억에
입가 가득 미소를 머금고

내 입술에 입 맞추며
종달새처럼 노래할 테지

너에게 가는 길

술에 젖으면
그때마다 전화를 걸었다
그녀는 매일 밤 전화를 기다렸다

밤이 깊으면 더욱더 간절해지는 사람
하루라도 목소리 듣지 못 하면 못 견딜 사람
견우와 직녀처럼 너와 나 만나는 일이
이다지도 어려운지

두꺼운 하늘이 머리 위 가까이 내려온 오전
무작정 나선 길
붉은 장미 한 다발 안고서
길 건너 쇼윈도 안에 있는 너에게 전화하는 동안
큰 눈 크게 뜨며 밖으로 나온 너는
활짝 웃음을 보이며 길을 가로 질러 내게로 온다

그녀 못 본 사이 얼굴이 많이 상했다
안타까운 마음이 목을 타고 올라온다
사랑은 침묵보다
드러내는 것이기에

자존심 따위는 버리고 가는 것을 택했다
거리가 어둡다
간간이 바람을 타고 비가 내린다
그녀는 아까보다 더 밝다
우리의 지독한 사랑은
굵은 빗줄기를 타고 내리고 있다

너와 나는

어느 한 곳 닮은 구석 하나 없는 우리가
어느새

마주보며 웃는 표정도 닮았고
손 자주 씻는 것도 닮았고
옷 주름질까 의자에 조심스레 앉는 것도 닮았고
밥 먹을 때 수저 가지런히 접시 위에 올려놓는 것도 닮았고
커피에 설탕 넣지 않는 것도 닮았고
맥주만 마시는 것도 닮았고
비오는 거리를 걷기 좋아하는 것도 닮았고
파란 바다를 좋아하는 것도 닮았고
찻집에 혼자 앉아 사색하기를 좋아하는 것도 닮았고

비 오는 날
한 밤중에 전화 걸어
사랑한다는 말을 하는 것도 닮았다

눈물이 나요

그대의 다정한
목소리 듣고 있을 때면
눈물이 나요

그대와 나란히 앉아
미소 짓고 있어도
눈물이 나요

그대 품에 안기어
한없는 행복에 젖어 들 때도
눈물이 나요

그대 모습 떠 올리다
물밀듯 그리움이 밀려오면
나도 모르게
눈물이 나요

그대를 처음 본 순간

그대를 처음 본 순간
그대의 모습은
아름답지는 않았지만
그 몸짓이 좋았습니다

그대를 처음 본 순간
그대의 몸짓은
아름답지는 않았지만
우수에 잠긴 듯한
그 눈빛이 좋았습니다

그대를 처음 본 순간
그대의 목소리는
아름답지는 않았지만
멀리 떨어져 있어도
가까이 있는 듯 귓가에 맴돌았습니다

그대를
처음 본 순간부터
나는 어느새 그대를
사랑하고 있다는 걸 알았습니다

멈출 수 없어요

그대 사랑하는 마음
멈출 수 없어요
그래서 그대에게 고백하였죠
그대 사랑 원한다고

그대 원하는 마음
멈출 수 없어요
매일 밤 꿈속에서
그대와 꽃밭을 함께 거니는 꿈을 꾸었죠

내 눈 속엔 언제나 그대가 살고 있어요
그대 미소는 가는 길을 멈추게 하죠
그대 사랑하는 마음
멈출 수 없어요

그대와 함께 한 추억이
나를 행복하게 해요

미미 이야기

강변 언덕 위 빨간 문 달린 이층 그 찻집에
미미라는 예쁜 여자가 살고 있답니다

소녀처럼 웃는 모습이 햇살보다 더 밝은 여자
웃음소리가 하이 톤으로 올라갔다가
쿡쿡 웃음을 쓸어 담는 여자
뒤 머리채를 정갈하게 묶어 올리면
긴 흰목이 드러나는 여자
에메랄드빛 나비 머리핀이 너무 잘 어울리는 여자
큰 눈망울에 소녀의 순수함을 가득 담고 있는 여자
아름다운 굴곡을 가진 여자
슬픔이라고는 찾아 볼 수 없는 여자
잔잔한 미소가 백합처럼 고운 여자
순수하고 맑은 영혼으로 속이 하얗게 보이는 여자
길고 하얀 손가락으로 피아노 건반을 두드리는 모습이
천사 같은 여자
걸음걸이가 너무나 조용해서 가끔 놀래게 하는 여자

강 언덕 이층찻집에 들어서면 편백나무 마루 깔린 햇
살이 잘 드는 창가에 앉아 흘러가는 강물을 보며 호수

같은 큰 눈망울을 스르르 감고 깊은 상념에 잠기는 아주 예쁜 소녀가 살고 있답니다.

미운 사랑

사랑한다
사랑한다
내가 말할 때
그대는
나를 외면합니다

그립다
그립다
내가 말할 때
그대는
나를 지치게 합니다

보고 싶다
보고 싶다
내가 말할 때
그대는
저만치 멀리 있습니다

내가 힘들어
그대를 떠나려 할 때

그대는
살며시 내게로 다가옵니다
그대는
참 미운 사랑입니다

바람 길

바람 길에 서 있다

내 님 미소 같은 바람이 온다
두 팔 벌려 반긴다

바람 길에 서 있다

내 님 숨결 같은 바람이 온다
두 팔 벌려 안는다

바람 길에 서 있다

내 님 품같이 따뜻한 바람이 온다
온 몸으로 포옹한다

보고 싶다

보고 싶다
너를 안고 있는
이 순간에도
니가 보고 싶다

보고 싶다
손을 흔들고 돌아서는
이 순간에도
니가 보고 싶다

보고 싶다
너의 향기로운 체취가
사라지기전에
니가 보고 싶다

보고 싶다
너의 목소리 듣고 있는
이 순간에도
니가 보고 싶다

또 다른 나

너를 사랑하면서
미워하고
좋아하면서
싫어하는
내 마음속에는
또 다른 내가
존재하고 있다

5

사랑은 그리움 되어

그리움은 형체도 없는 안타까움 같은 것
고독과 고통 속에서도 그 사람을 떠올리면
형언 할 수 없는 희열을 느낀다
그리움이란 자신도 어쩌지 못하는
목멤 같은 것이다

내 마음속에도 비는 내리고

새벽부터 내리는 비는
한낮이 다 가도록 그칠 줄 모르고
젖은 우산 속으로 떨어지는
빗방울은 내 마음속까지 젖어드는데

쏟아지는 빗속을
우산도 없이 걸어가는
젊은 여인의 뒷모습은 떨어진
목련처럼 애처롭기만 하다

노오란 가자니아 피어있는
찻집에 홀로 앉은 자리엔
진한 외로움만 묻어나고
뿌옇게 김이 서린 넓은 창에
초라한 내 모습만 비춰질 뿐…….

비어 젖어 늘어진 꽃잎처럼
내 마음도 차츰 내려앉는다

달빛 머무는 강

엷게 노을 진 하늘은
외로움을 감추듯 어둠을 빠르게 몰고 와
회색빛 도시에 불을 밝힌다

한 잔 술에 발목은 흐느적거리고
두 눈에 맺힌 꽃잎은
새벽 찬바람에
하나 둘씩 사위어간다

오색등 불 밝힌
다리난간에 기대어서서
쉼 없이 흘러가는 강물을 바라본다

물 위에 떠 있는 조각달은
내 마음처럼 쓸쓸하기만 하고
간간히 바람을 몰고 왔다가 지나가는
차들의 불빛 속에 소리 없이
다가왔다가 사라져가는
그 - 리 - 움

바람 속으로

바람이 오는 길을 따라 간다
희미하게 뜬 낮달은 바람에 흔들리고
지워지지 않는 그리움은 젖은 그림자 되어
눈앞에 서성인다

너를 잊지 못해
다시 찾아간
호숫가 언덕 위 찻집

나란히 커피를 마시던 그 자리
앙상한 가지 걸린 창가에 앉아
붉게 물들어가는
호수를 바라보며
깊은 외로움에 빠져든다

호수 위로 빠르게
지나가는 작은 배 하나
내 가슴에 파문을 일으키고
물결 위로 아른거리는 너의 모습
그리고

여울져가는

그
리
움

다시 사랑을 한다면

다시 사랑을 한다면
온 가슴을 열고
열렬히 사랑하고
더욱더
열심히 아끼고 나누어 줄 것이다

후회 없는
결코 후회하지 않는
사랑을 할 것이다
무심한 시간은
또 그렇게
바람처럼 스쳐 지나가고 말 것이니

이제 다시
사랑을 한다면
잎사귀보다
꽃망울을 먼저 터트리는
목련 같은
사랑은 하지 않으리라

비록
겉은 말라비틀어지고
속은
검게 타 들어가도
은은한 향기
오래도록 간직하고 있는
모과 같은
진한 사랑을 하리라

비와 그리움 · 2

비가 오는
길을 걸어갑니다

하염없이 내리는 비는
어느새 그리움 되어
내 마음속에 흘러내립니다

비에 젖어 싸늘히 식어버린
가로등 위로 비가내립니다

지나치는 차들의 불빛 속에
수많은 추억들이
다가왔다가 사라져갑니다

그리움이 지워지지 않는
거리를 걸어갑니다

추억이 머물다 간
이 길에 오늘도 비가내립니다

새벽별

모두가 잠든
서쪽 하늘에
유난히 반짝거리는
별 하나

사랑이 떠난
가슴에
빛으로 고이 남은
너

소나기

하나 둘씩 모여든 구름은
어느새 하늘을 가리고
대지로 바짝 다가서고 있다

발아래가 보이는 이층 찻집에 앉아
오고가는 사람들을 바라보며 깊은 상념에 빠진다

순간 섬광이 인다
한줄기 바람이 창을 흔든다
비가 온다
갑자기 쏟아지는 비에
사람들은 이리저리 뛰어간다

비를 맞은 개 한 마리
가게 처마 밑에 들어와 젖은 몸을 털어낸다
한참을 우두커니 하늘만 올려보다
어디론가 가 버린다

뿌옇게 흐려진 창은
밖의 세상과 단절시켜 놓는다
비가 그친 거리로 나선다
한참을 걷다가 고개 들어보니
아까 그 자리에 나는 서 있었다

살아가는 동안

나
살아가는 동안
아름다운 사랑
가득했으면 좋겠다

살아가는 동안
행복한 사랑
그득했으면 좋겠다

살아가는 동안
진정 날 사랑해주는
사람 만나
행복했으면 좋겠다

사는 동안
정말 좋아하는
사람 만나
죽는 날까지
후회 없이 사랑했으면 좋겠다

사랑이란

사랑한다 안한다 사랑한다 안한다 사랑한다 안한다
사랑한다 안한다 사랑한다 안한다 사랑한다 안한다
사랑한다 안한다 사랑한다 안한다 사랑한다 안한다
사랑한다 안한다 사랑한다 안한다 사랑한다 안한다
사랑한다 안한다 사랑한다 안한다 사랑한다 안한다
사랑한다 안한다 사랑한다 너만을 사랑한다 안한다
사랑한다 안한다 사랑한다 영원히 사랑한다 안한다
사랑한다 안한다 사랑한다 안한다 사랑한다 안한다
사랑한다 안한다 사랑한다 안한다 사랑한다 안한다
사랑한다 안한다 사랑한다 안한다 사랑한다 안한다
사랑한다 안한다 사랑한다 안한다 사랑한다 안한다
사랑한다 안한다 사랑한다 안한다 사랑한다 안한다

연가

사랑은 그리움 속에
기나긴 하루를 보내고
분홍빛 너의 향기는
내 가슴속에서 피어나
하얀 미소로 다가오네

낙엽 구르는
길을 따라 걸어가지만
너를 사랑하는
내 가슴은 행복으로
가득 차오르네

오색등 불빛 아래
사랑담은 내 노래는
너의 얼굴에 빠알간
미소 머물게 하고
함께하는 시간은
빠르게 흘러가지만
너를 사랑하는 시간은
한곳에 머물고 있네

너와 나의 짧은 이별은
우리의 가슴을 시리게 하지만
너의 따뜻한 눈빛은
내 가슴속에서 영원히 식지 않으리

사랑할까요. 우리

사랑할까요. 우리
노을이 호수를 붉게 물들 때
연인처럼 다정이 손잡고 호숫가를 걸어가요

아름다운 꽃들이 피어있는 길을 걸으며
향기로운 사랑이야기 할까요. 우리

강 언덕 아름다운 야경이 내려다보이는
카페에서 차를 마시며
사랑할까요. 우리

이 밤이 다 가기 전에 뜨거운 가슴 나누면서
사랑할까요. 우리

저 붉나무 잎사귀 다 지기 전에
진한 사랑을 나누어요
우리

한낮의 사랑

거리의 낯선 여인에게서 익숙한 향기가 난다
알 수 없는 흥분이 몰려와
주체할 수 없는 욕망에 휩싸인다

폭풍처럼 달려와 거칠게 온 몸을 삼켜버린 그날
뜨겁게 불타올라 영원으로 가던
그 밤을 잊을 수 없어
이글거리는 태양 아래에서 불륜을 꿈꾼다

하얀 하이힐속의 맨발
가늘고 긴 발목
늘씬한 몸매의 매력적인 뒷모습
안고 싶은 충동이 인다

호수가 내려다보이는 언덕 위 찻집
검게 그을린 살결
깊은 눈
또렷한 이국적인 얼굴
선명한 갈색 입술
매혹적인 여인의

뜨거운 시선이 몸을 덥힌다

몸이 열린다
불 켜진 여인의 몸 안으로 미끄러지듯 들어간다
잠시 후
창밖의 거리에 찬란한 빛들이
아름다운 소리를 내며 무수히 쏟아져 내린다
그녀 몸에서 젖은 몸을 뺀다
바람에 일렁이는
낮달 하나가
그녀 몸에서 진다

열정

입속에
물고기 한 마리 들어와
헤엄을 친다

입속은
어느새 두 마리 물고기
집이 되었다

자꾸만 허파 속으로
빨려 들어간다

뜨거운 바람이 인다

몸이 풋풋하게 뜬다

온몸의 핏줄이
되살아나 꿈틀거린다

핏줄 위로 끈끈한
바람이 걸어 다닌다

두 마리 물고기
깊은 바다 속으로
헤엄쳐 들어갔다

사랑, 그 아름다운 아픔에 관하여

이민호
(시인. 소설가)

　사랑은 그리움 외로움 기다림의 시작입니다.

　사랑이 찾아오면 그리움의 날들은 높아져만 가고 혼자만의 외로움은 강물처럼 깊어져 가고 기다림의 날들은 길어만 간다.
　사랑은 즐거움 속에서가 아니라 고통의 살점을 뜯어먹고 결실을 이루기도 한다. 기다림과 그리움은 결실의 원천이기도하다.
　그리움으로 오랜 세월을 기다려 결실을 맺는 아름다운 사랑도 있지만 활화산처럼 뜨겁게 불타올랐던 사랑은 결국에는 그 불로 타버려 형상도 없는 사랑도 있다. 몸은 비록 말라비틀어지고 꺼멓게 타 들어가도 좋은 향기를 오래도록 간직하는 모과 같은 사랑은 쉽사리 변하지 않는다.

사랑은 언제나 첫사랑이다.

세상의 모든 사랑은 첫사랑이다. 처음 남녀가 만나 사랑을 하면 그것은 첫사랑이다. 지난날 다른 사람을 사랑했던 그 사람은 지금 당신이 사랑하고 있는 그 사람이 아니다. 지금 당신이 사랑하고 있는 그 사람은 당신과 처음 눈을 맞추고 손을 잡고 마음을 열고 입을 맞춘 사람이다. 그렇게 당신을 처음 만나 사랑한 사람인 것이다.

사랑의 추억은 새롭다. 지난 사랑은 마음속에서 계속 자라나 다른 빛깔로 채색된다. 슬프고 아픈 사랑일지라도, 시간의 터널을 지나면 옛 사랑은 아련하게 그려지고 빛바랜 수채화처럼 안개 너머에 희뿌연 형체로 남아 그날들의 추억을 계속 되새기게 한다.

사랑은 즐거움보다는 아픔을 더 많이 준다.

처음 만난 사람은 누구나 쉽게 사랑을 할 수가 있다. 그러나 날이 갈수록 사랑은 어려워지기 마련이다. 사람들은 죽는 일조차 멀리 있을 만큼 사랑은 절대적이라는 것을 깨닫지 못한 채 사랑에만 몰두한다.

우리의 생이 길다고 해도 사랑할 시간은 그리 많지 않다. 지나고 보면 사랑은 느슨하게 풀어져 있었지만 번민과 자존심과 열등감이 사랑을 활짝 피우지 못했던 것이다.

사랑에 빠졌을 때는 목숨보다 사랑이 소중하다고 생각한다. 그러나 사랑하는 사람이 자신을 외면할 때, 그 사랑이 자신에게 무심할 때, 약도 없는 병을 앓게 된다. 세월이 약이라고들 하지만 그 세월의 약조차 못 미더워 죽음을 생각하기도 한다.

사랑에 멍든 상처는 또 다른 사랑으로 치유된다.
사랑은 손을 뻗으면 언제나 닿을 거리에 있었다. 사랑은 내안의 설렘이 가득 차올랐을 때 향기로움이었다.
사랑으로 다친 마음은 또 다른 사랑으로 치유가 된다. 이별의 마음을 비정하게, 이를 꽉 깨물고 견디면, 언젠가는 다시 새로운 사랑의 노래가 들려올 것이다. 한때는 슬픈 사랑에 통곡하기도 하지만 그 시간이 지나면 새로운 계절이 돌아오고, 상처 난 가지에 잎이 나고 꽃이 피게 된다.

사랑은 눈이 없어 보지 못 하고 귀가 없어 듣지 못 하고 입이 없어 메아리가 없다.
사랑의 미래는 불투명하다. 사람들은 처참하게 사랑이 끝난다 해도 사랑의 절정에 올라가고 싶어 한다. 그 절정이 순간일지라도 다시는 겪어볼 수 없는 황홀이라 해도 그 순간을 위해 목숨이라도 걸고 싶어 한다.

누군가를 기다리는 시간은 더디 가고 행복한 시간은 강물처럼 빨리 흘러간다.

사랑하는 사람을 기다리는 마음은 참으로 행복하기만 하다. 함께 손을 잡고 입을 맞추고 사랑을 느끼는 순간만은 이 세상을 다 가진 듯 황홀하다.

그러나 행복했던 시간들도 잠시, 강물처럼 무심하게 흘러가 버리면 모든 것이 허무하게 여겨지지만 오랜 시간이 지난 후에 사랑했던 지난날들을 추억하면 어느새 입가에 미소가 흐른다.

이 세상 내려와 수많은 인연을 만나 사랑했지만 마음을 주고받지 않은 사랑은 진정한 사랑이 아니었다.

물방울은 연잎을 사랑해서 연잎 속으로 스며들고 싶어 하지만 연잎은 운명적으로 물방울을 거부한다. 연잎에 물방울이 스며들면 물 밑으로 가라앉게 되어버리기 때문이다. 젊은 날의 미래가 없었던 사랑도 그리울 때가 있다. 욕망과 욕정과 광기가 모두 뒤섞여, 온통 혼미했던 날들의 사랑도 그리울 때가 있다.

떠나 버린 사랑을 너무 슬퍼마라.

또 다른 사랑이 살그머니 다가와 너를 응시하고 있을 테니.

사랑은 따뜻한 햇살 속에 있다가 사랑을 질투하는

먹구름이 올려와 이별이라는 비가 내리면 천천히 온몸을 적시고 괴로워하다가 구름이 걷히고 몸이 서서히 마르고 나면 또 다른 사랑을 찾아 나서는 것이다.

사랑은 퍼내도 퍼내어도 목마르는 것이며 또 한편으로 퍼내도 퍼내어도 넘쳐나는 것이기도 하다. 사랑은 손을 잡고 영혼을 묶어두는 것이기도 하지만 그 누군가에게 기대는 것이 아니다. 스스로 목마르기도 하고 넘쳐나는 것, 이것이 사랑이며 한번 이별할 때마다 배우고 또 배우게 되는 것이 사랑이다.

이민호 시집
사랑을 위한 변주
―――――――――――――――――――――――
2017년 6월 21일 초판 인쇄
2017년 6월 21일 초판 발행

지은이 / 이민호
발행인 / 강석호

발행처 / 도서출판 교음사
편집 / 수필문학사 출판부

03147 서울 종로구 삼일대로 457 수운회관 1308호
Tel (02) 737-7081, 739-7879(Fax)
e-mail / gyoeum@daum.net

등록 / 제300-2007-52호
―――――――――――――――――――――――
* 잘못된 책은 바꾸어 드립니다. 값 10,000 원

 ISBN 978-89-7814-706-4   03810

이 도서의 국립중앙도서관 출판예정도서목록(CIP)은 서지정보유통지원시스템 홈페이지
(http://seoji.nl.go.kr)와 국가자료공동목록시스템(http://www.nl.go.kr/kolisnet)에서
이용하실 수 있습니다. (CIP제어번호 : CIP2017015482)

본 사업(도서)은 2017년 부산광역시, 부산문화재단 지역문화예술
특성화지원사업으로 지원을 받았습니다.